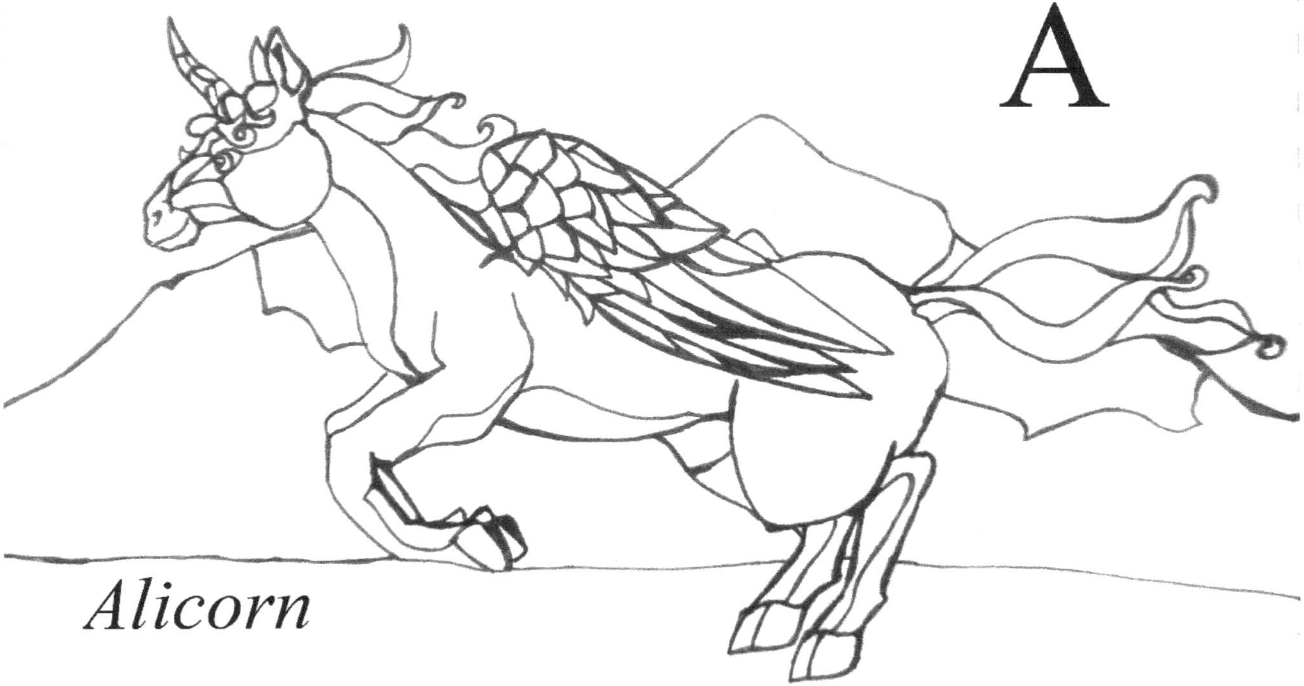

Alicorn

A

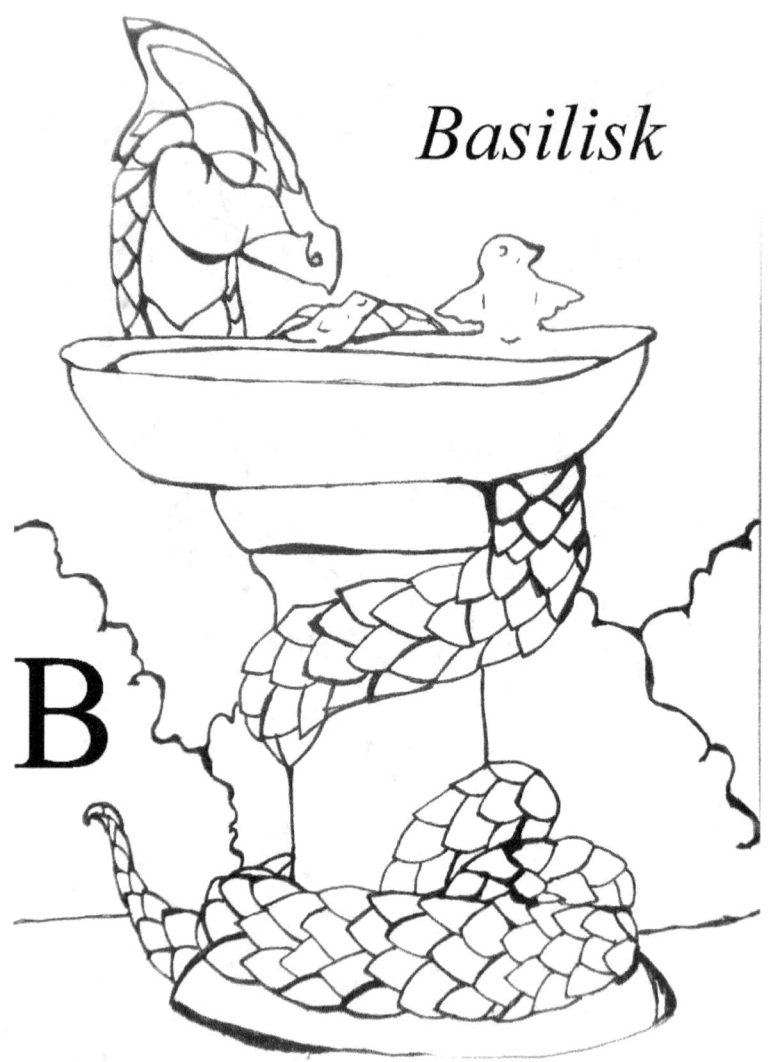

Basilisk

B

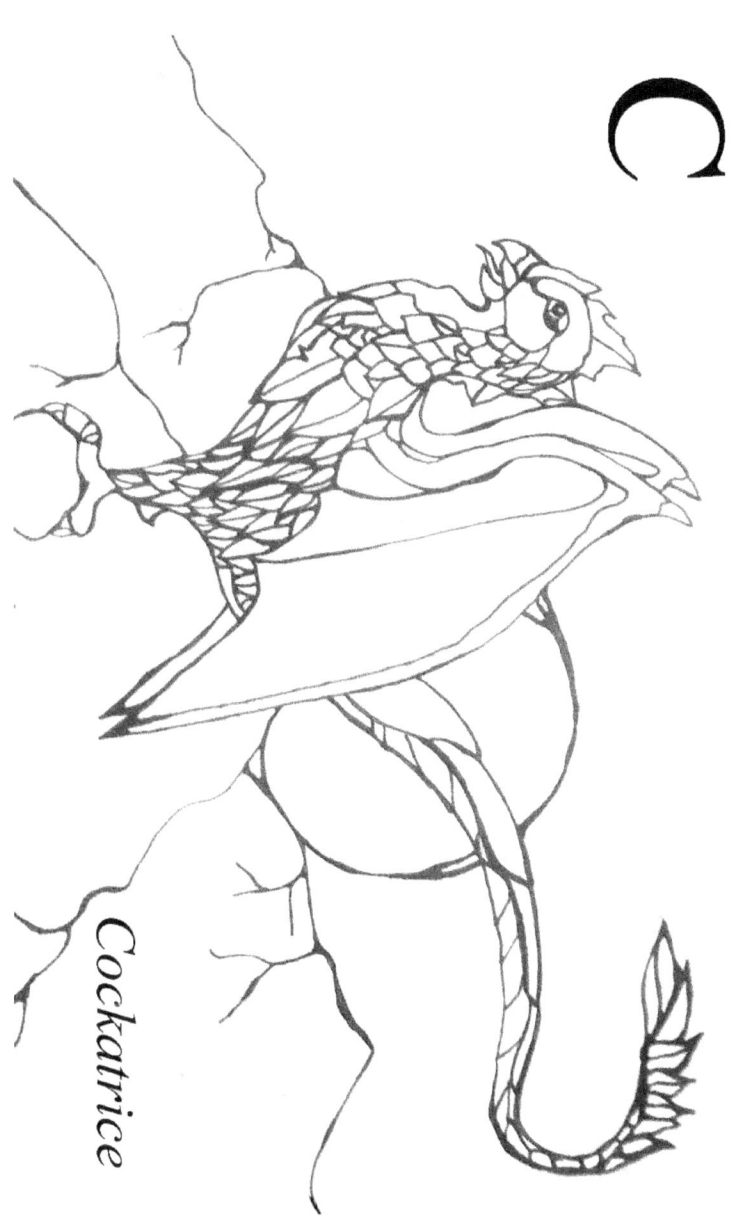

Cockatrice

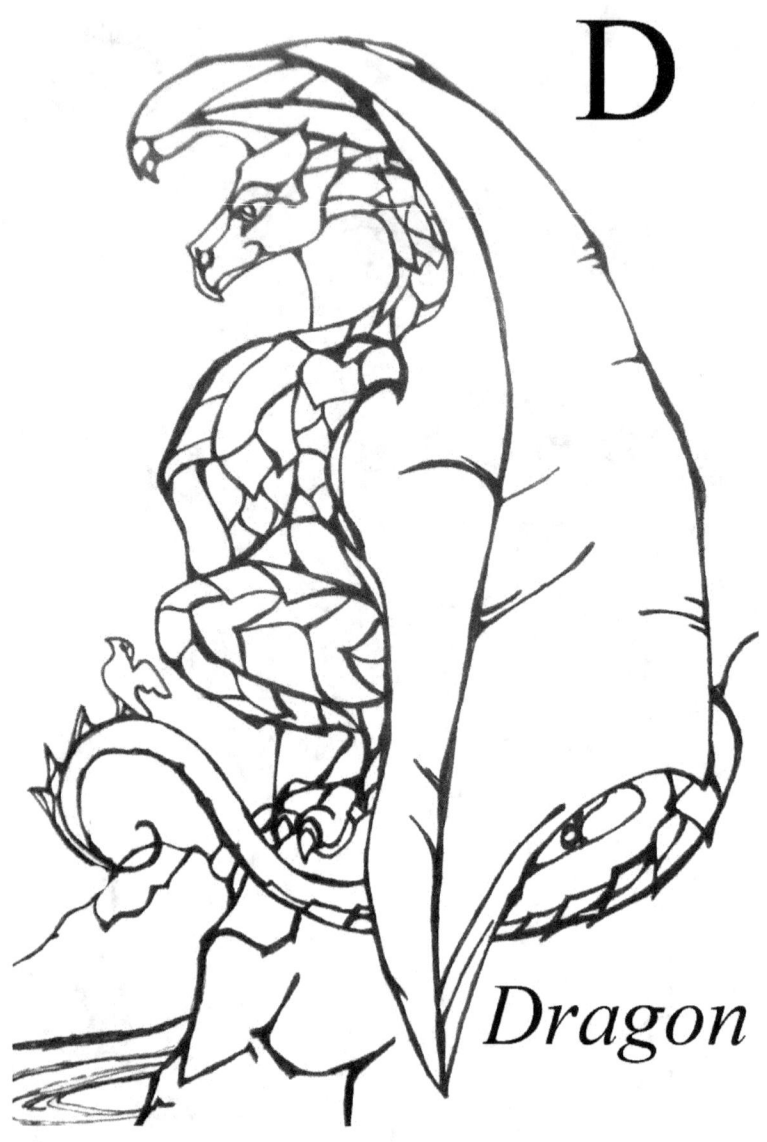

D

Dragon

E

Ent

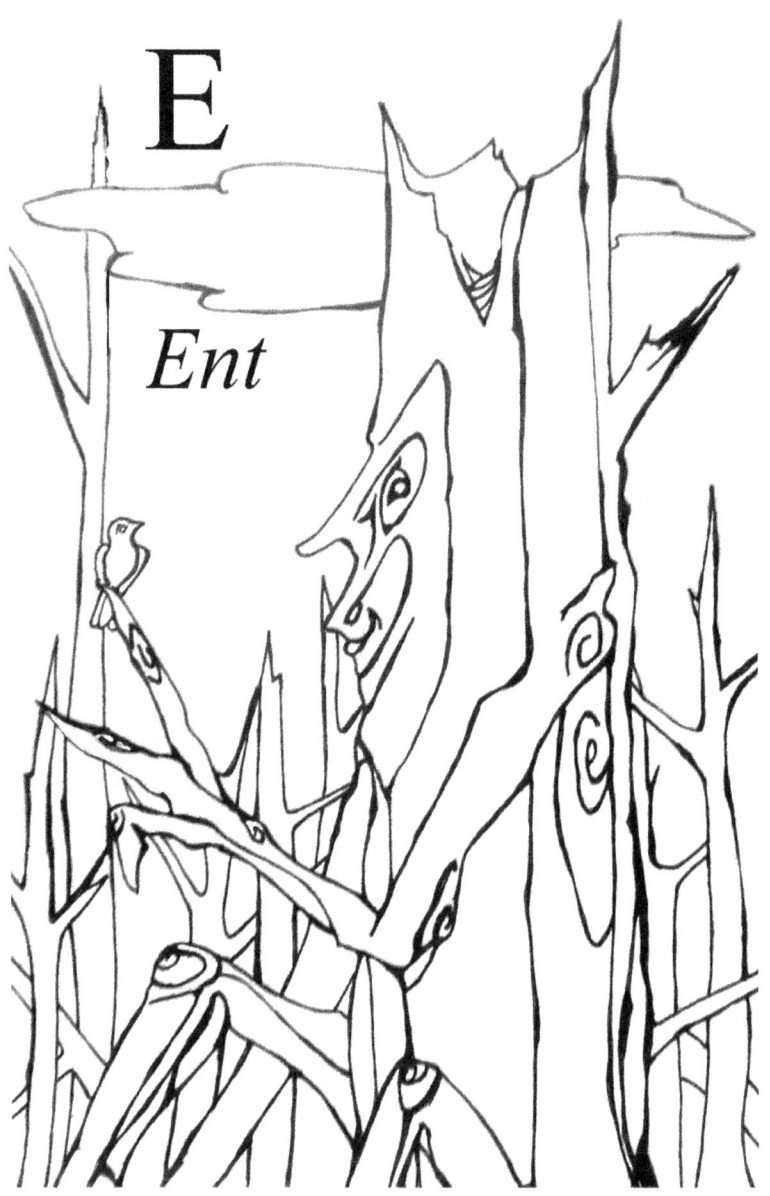

F

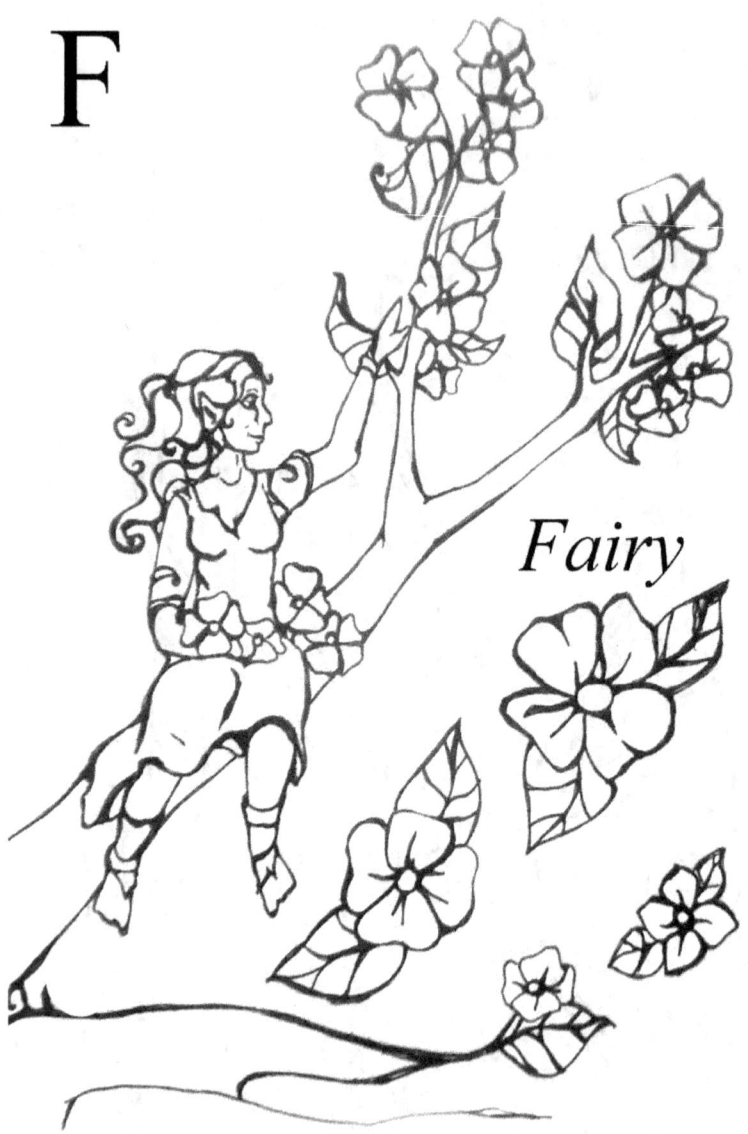

Fairy

G

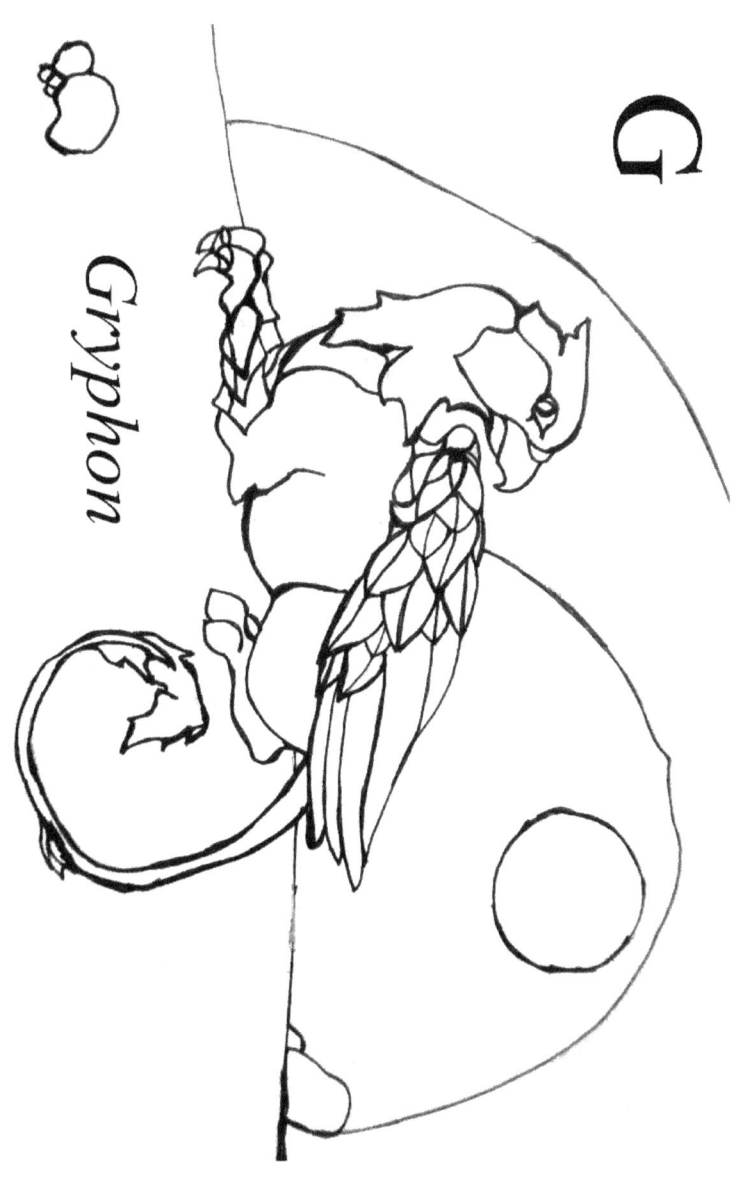

Gryphon

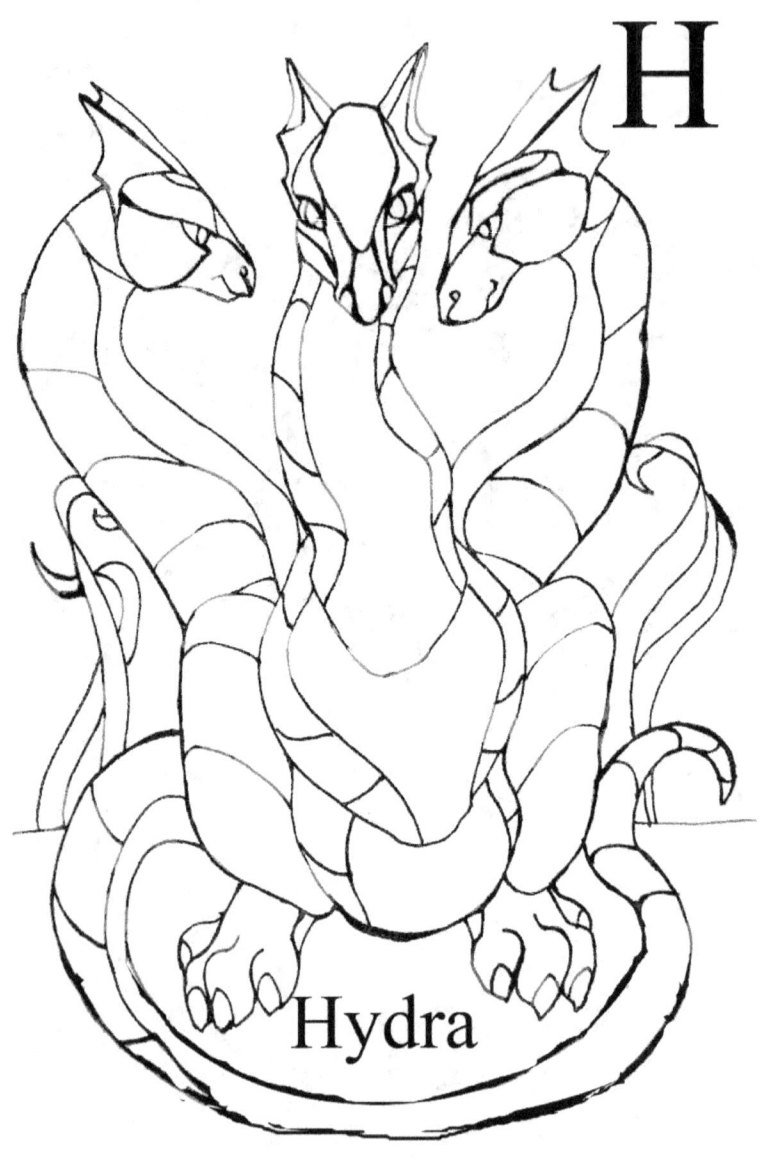

H

Hydra

I

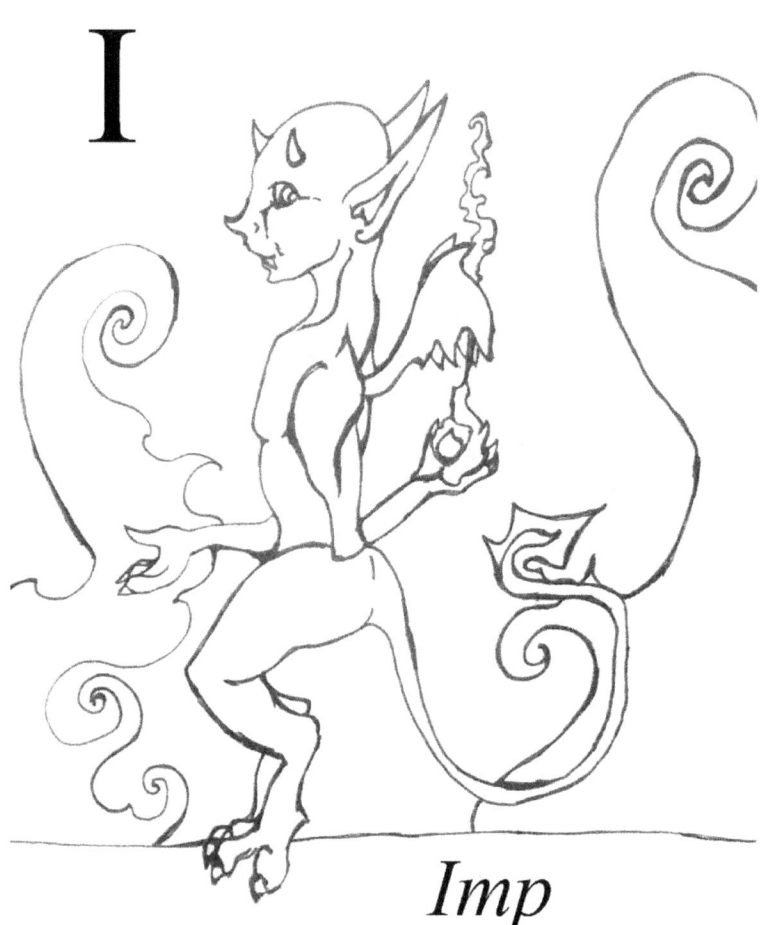

Imp

J Jackalope

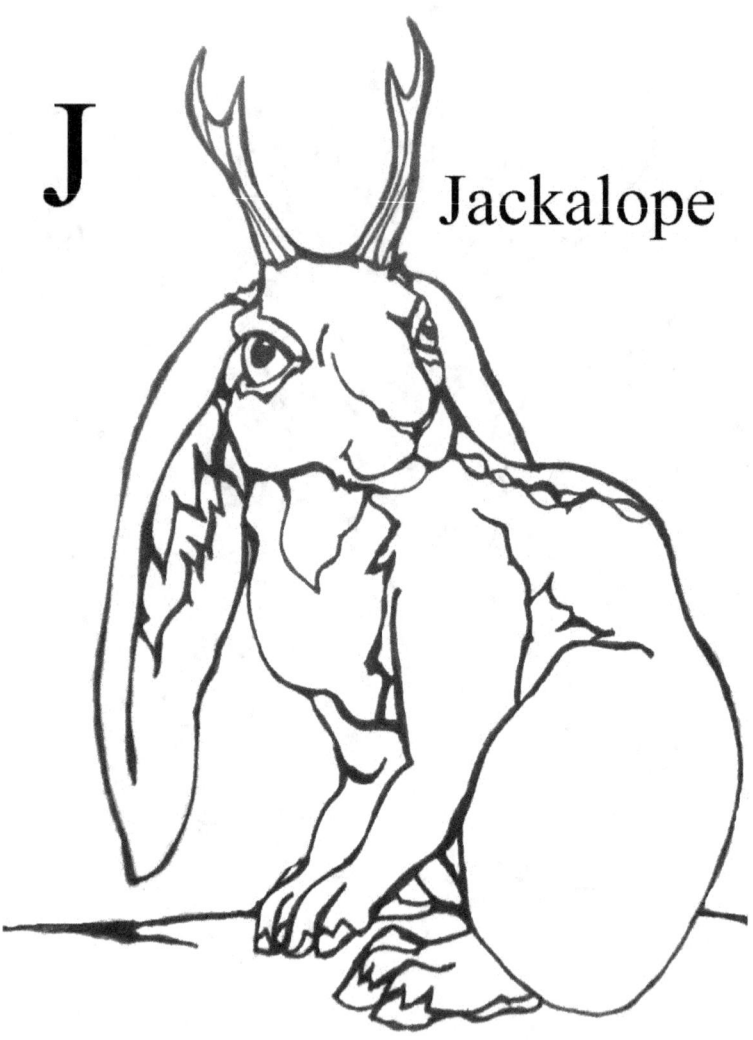

K

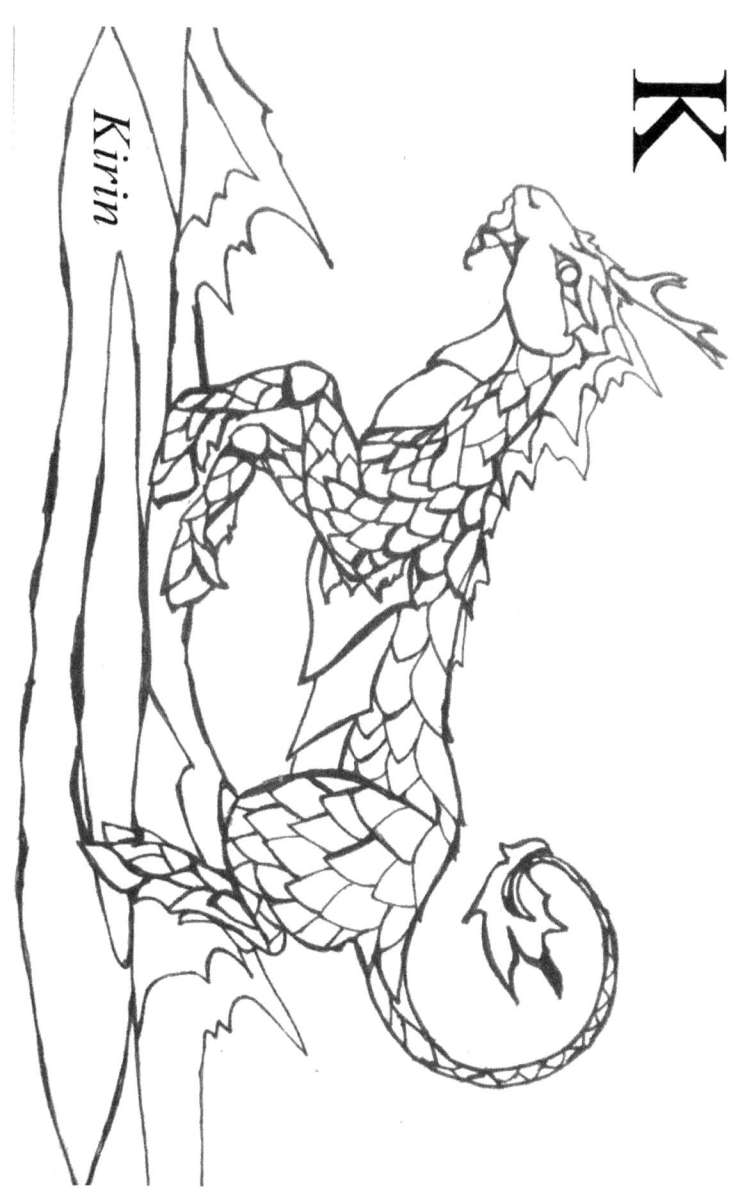

Kirin

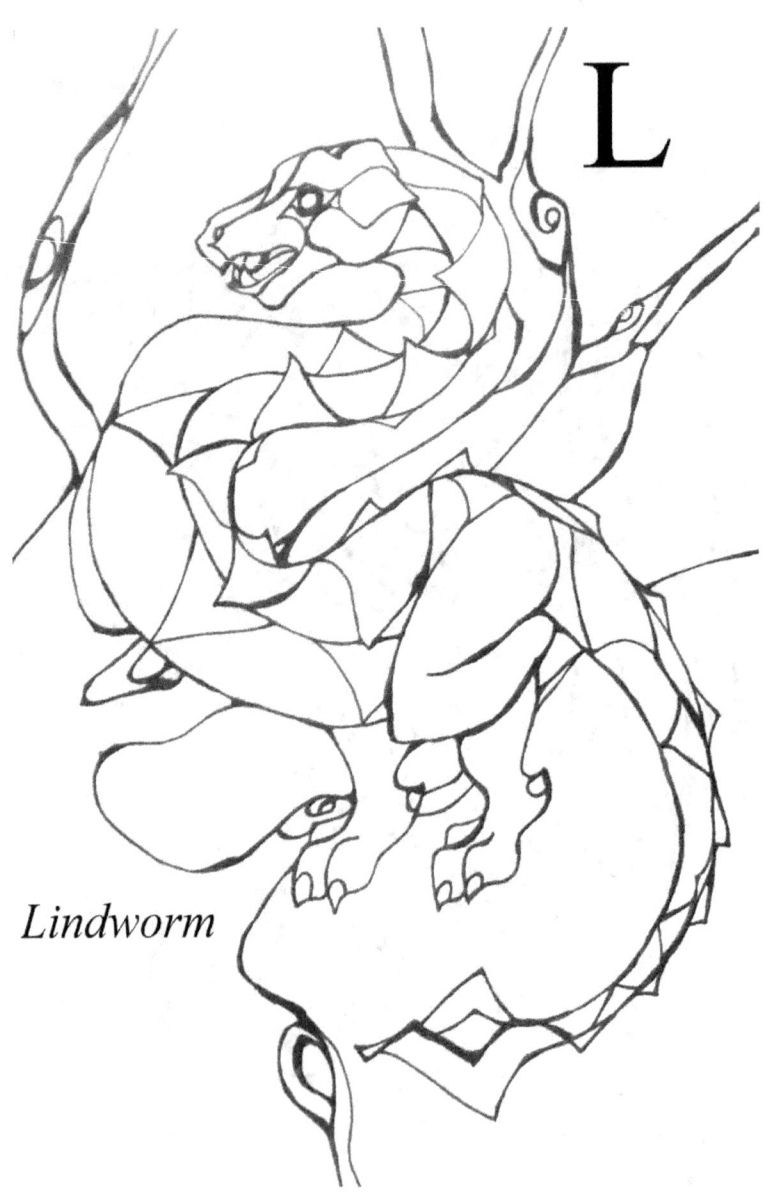

L

Lindworm

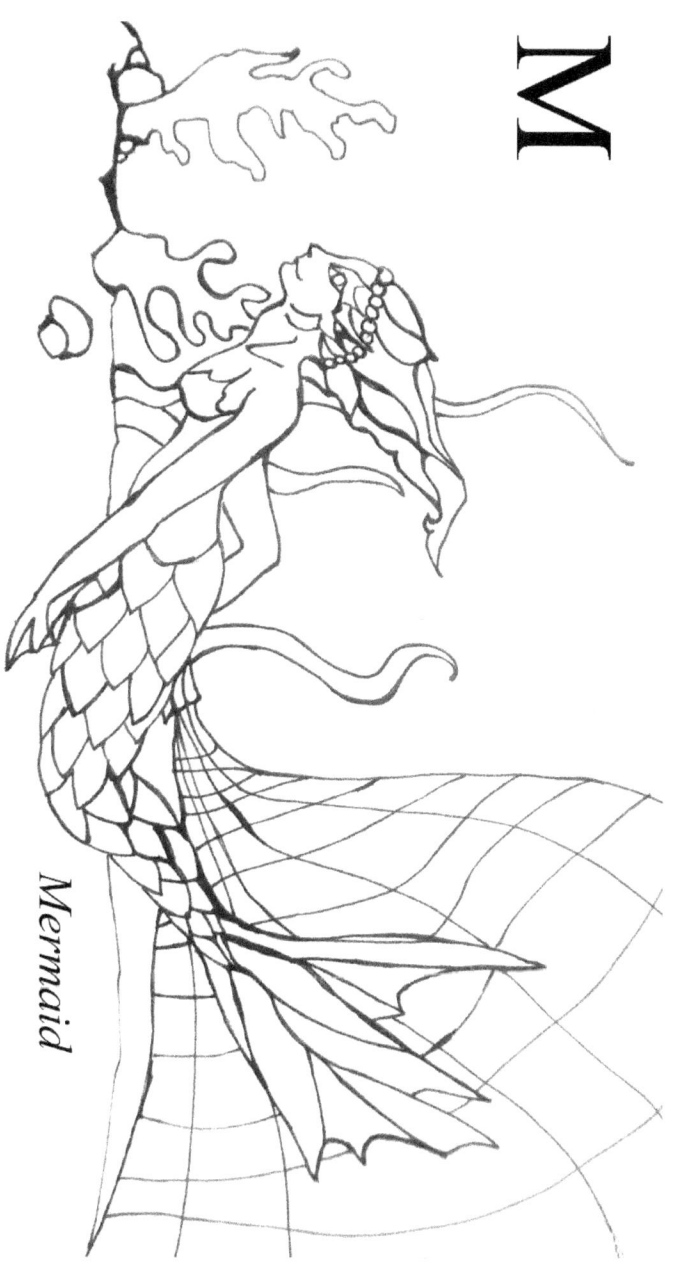

M

Mermaid

N

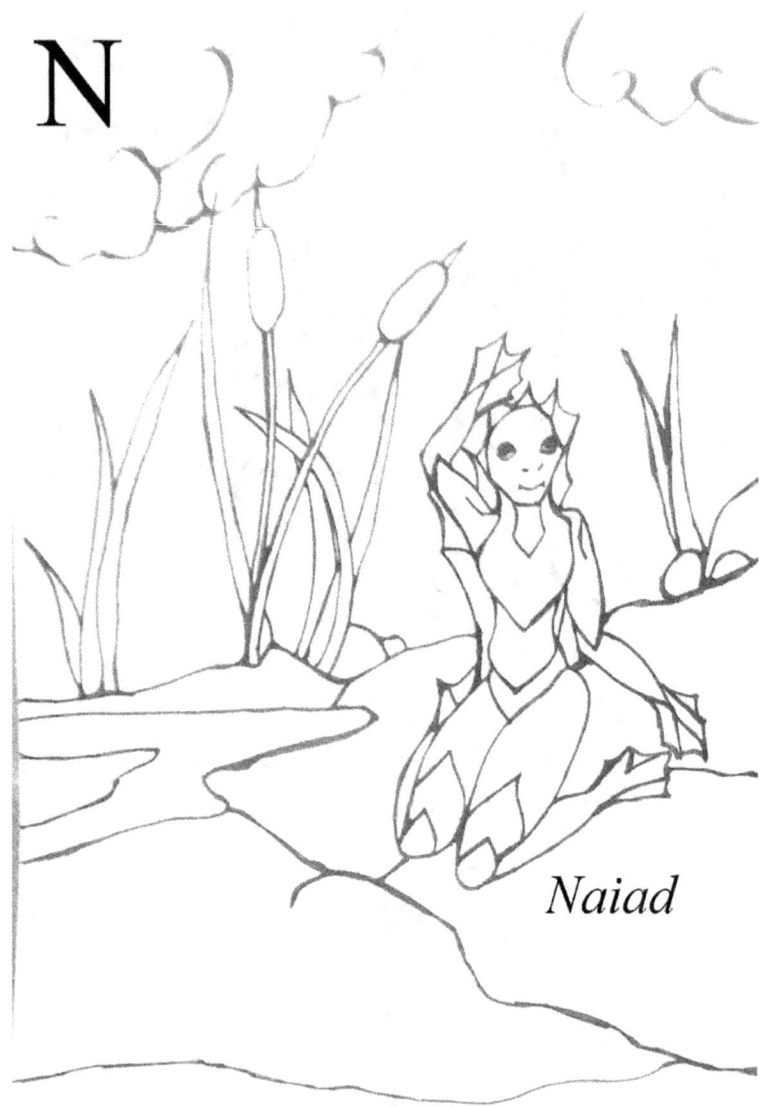

Naiad

O

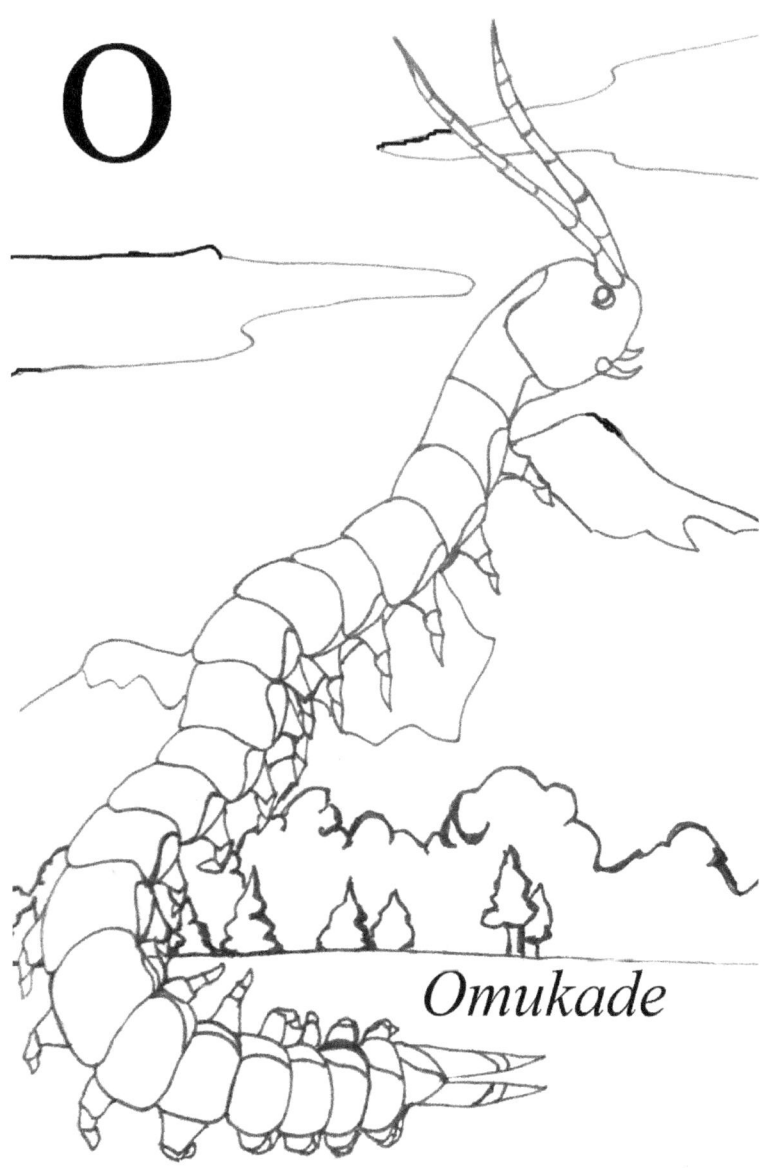

Omukade

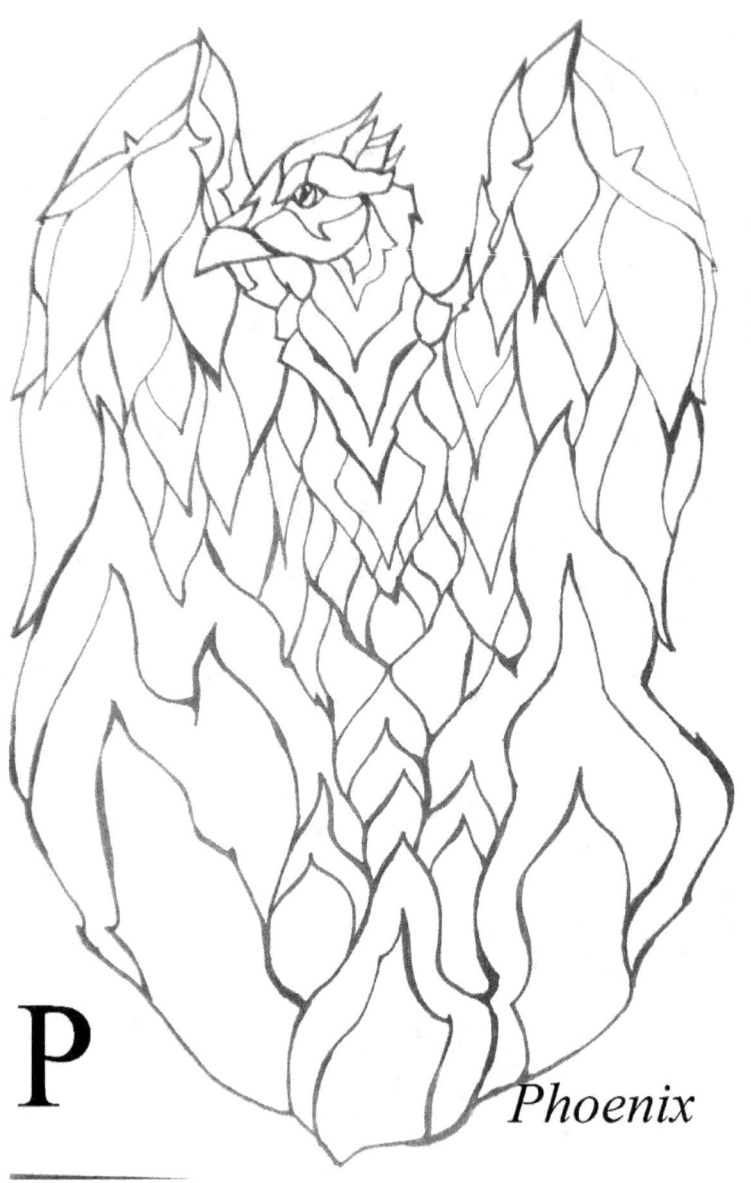

P

Phoenix

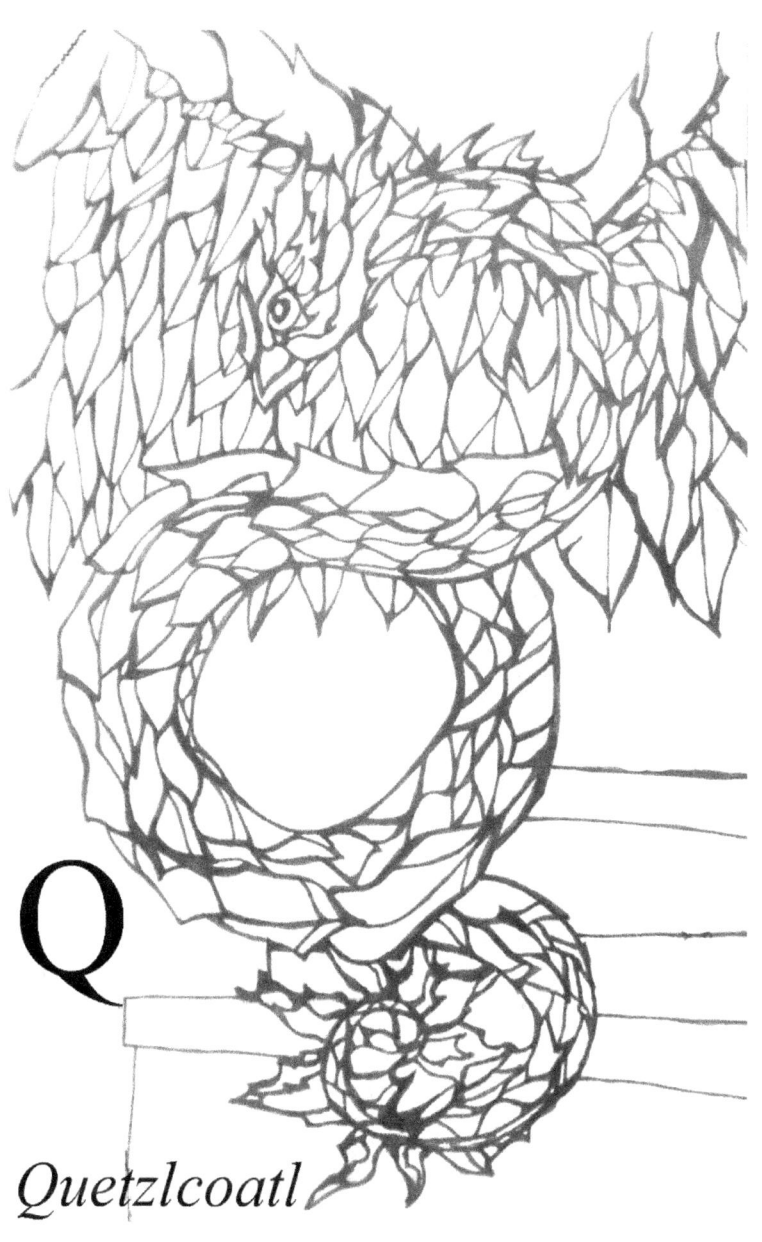

Q

Quetzlcoatl

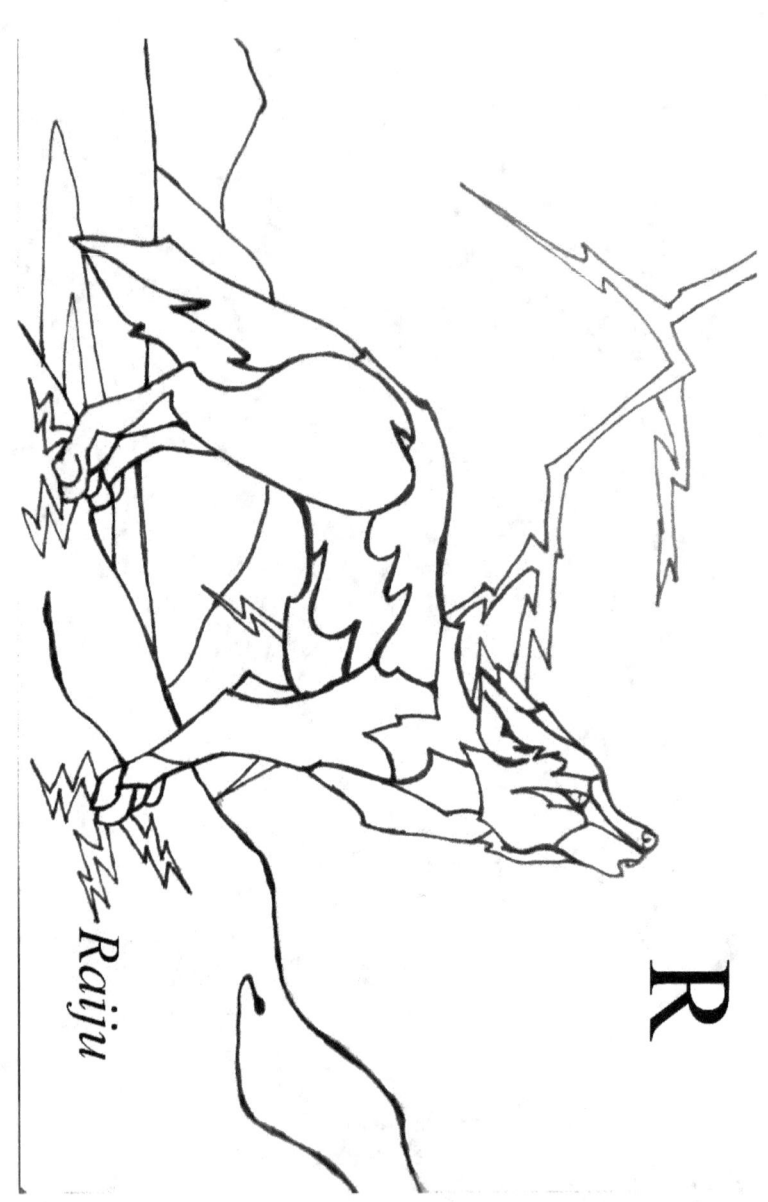

Raiju

R

S

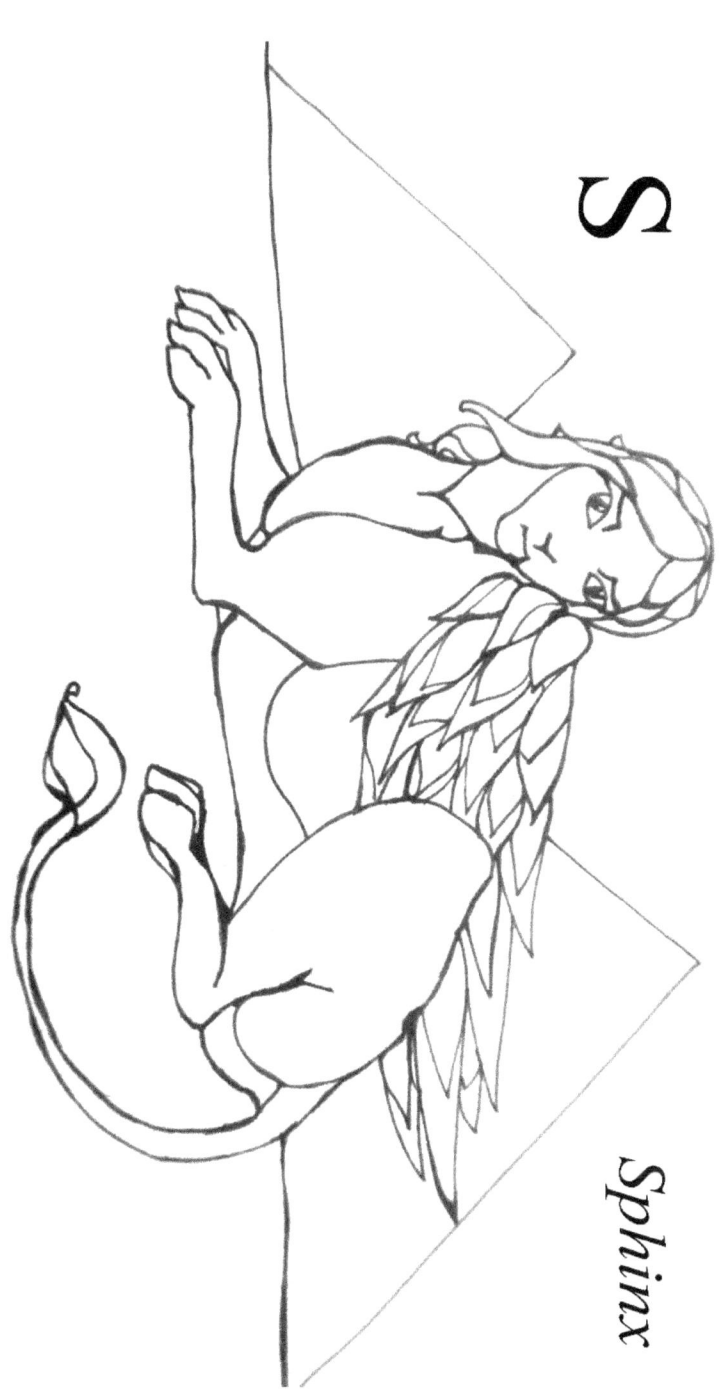

Sphinx

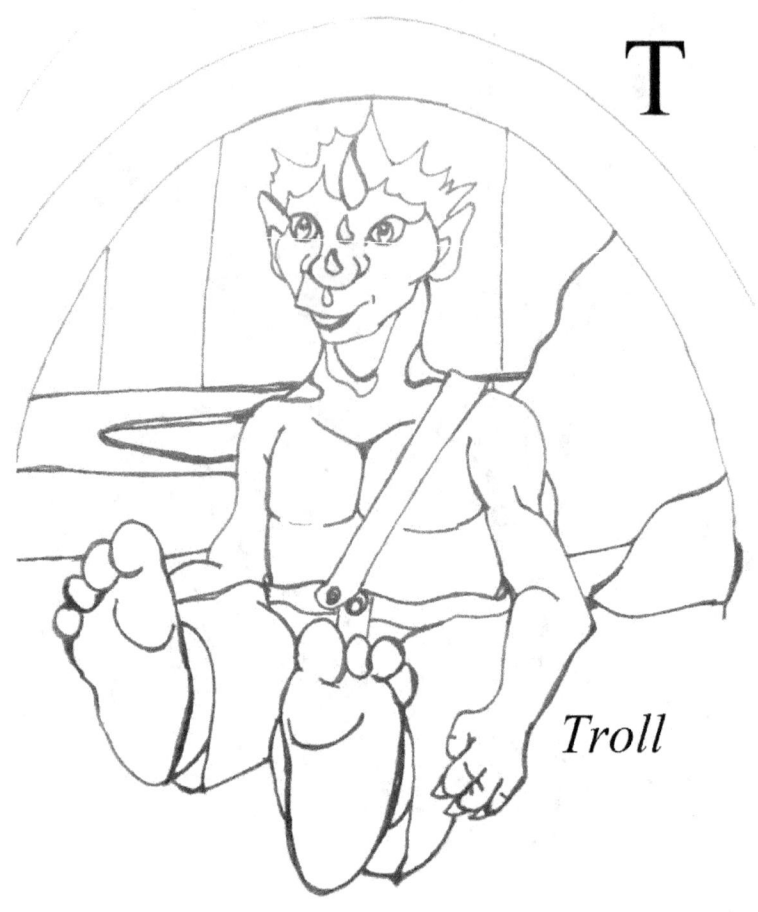

T

Troll

U

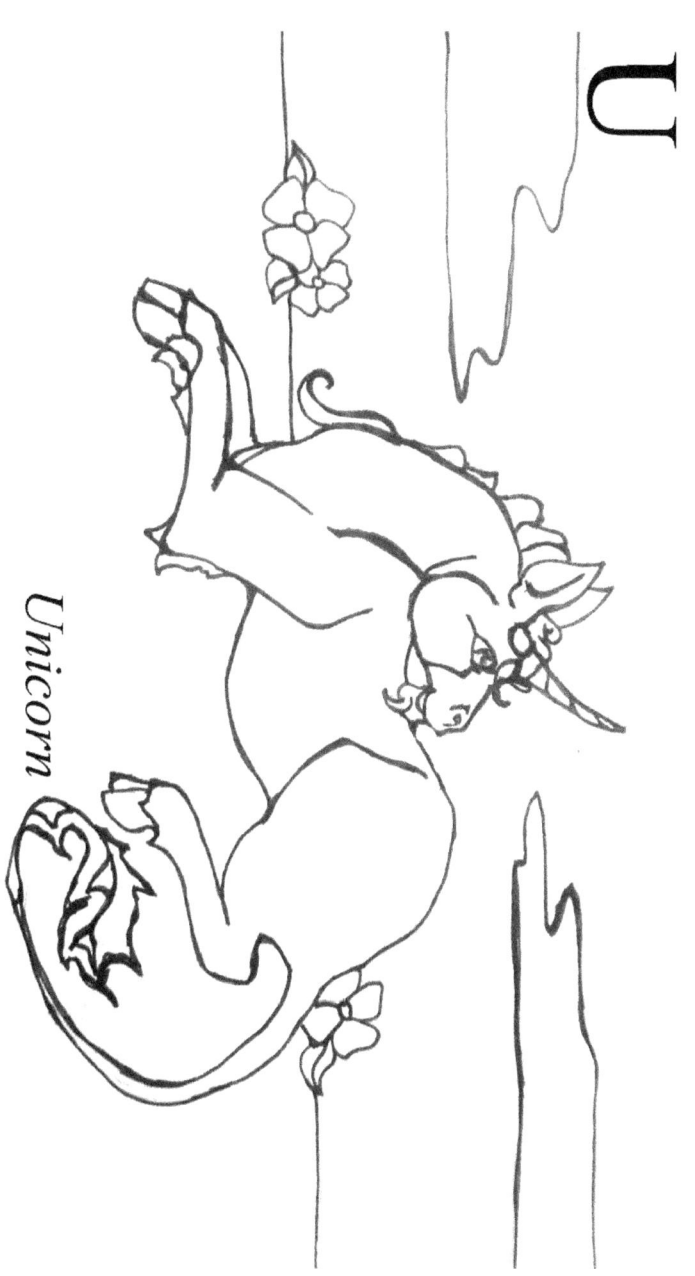

Unicorn

Vanara

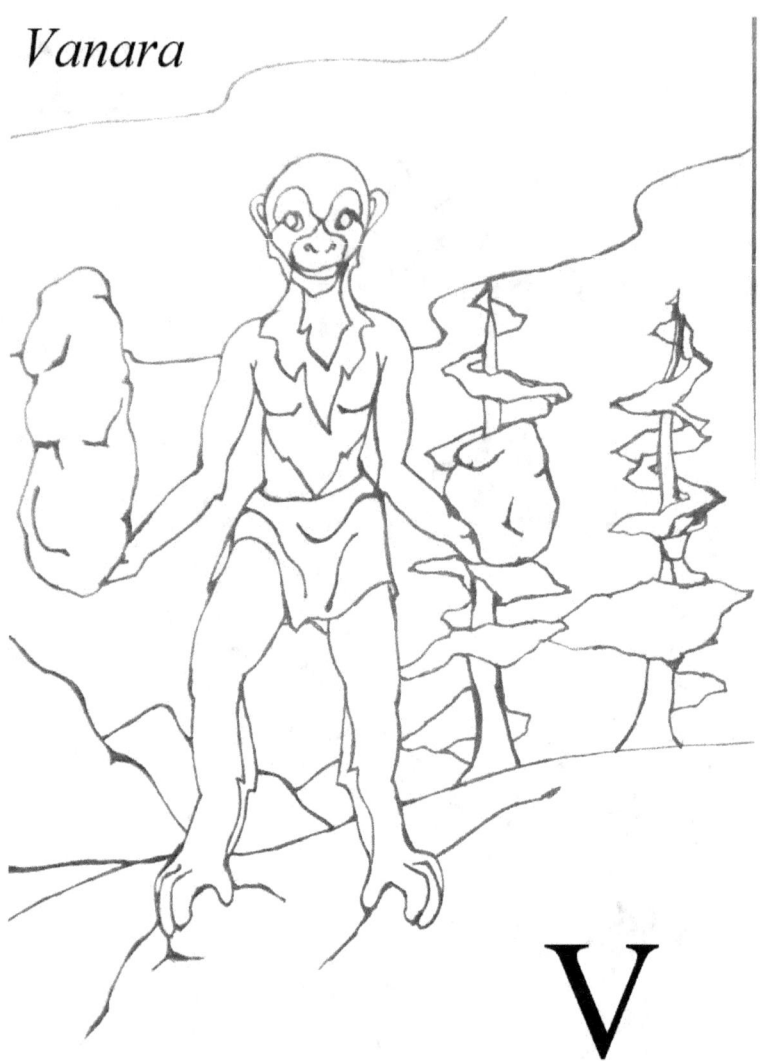

V

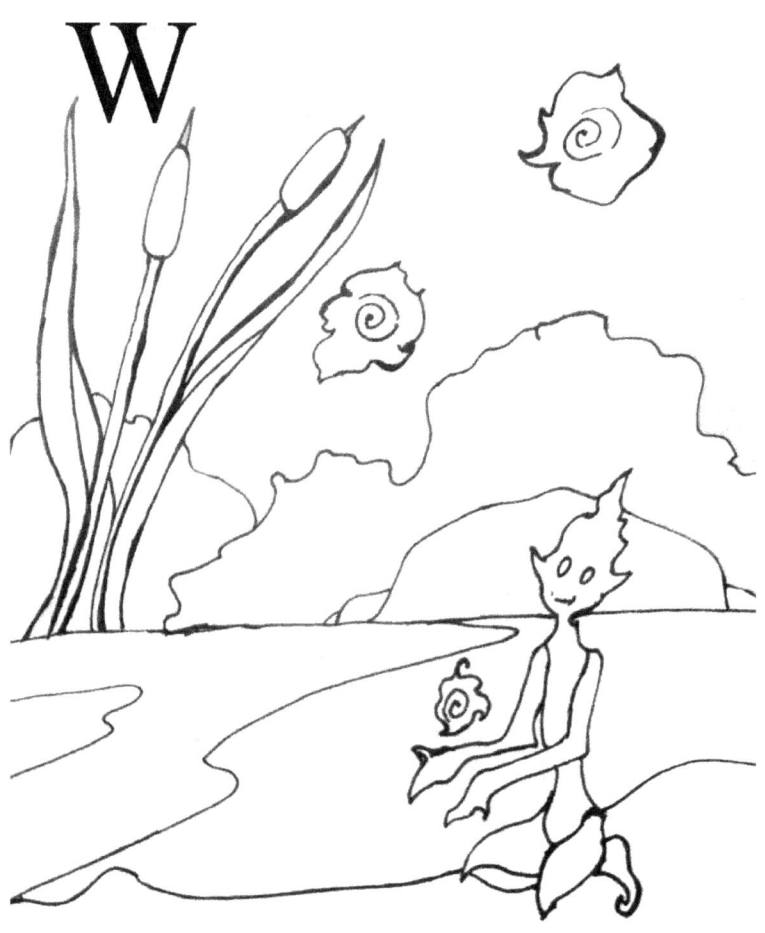

Will-o'-the-Wisp

X

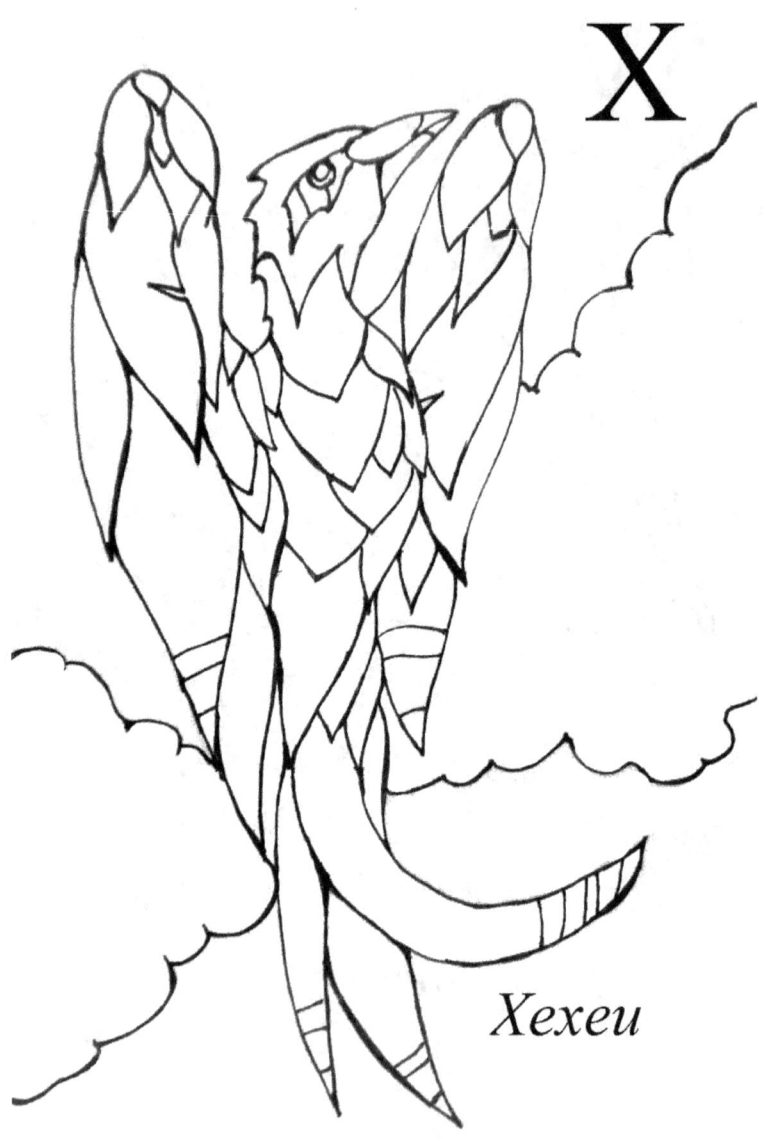

Xexeu

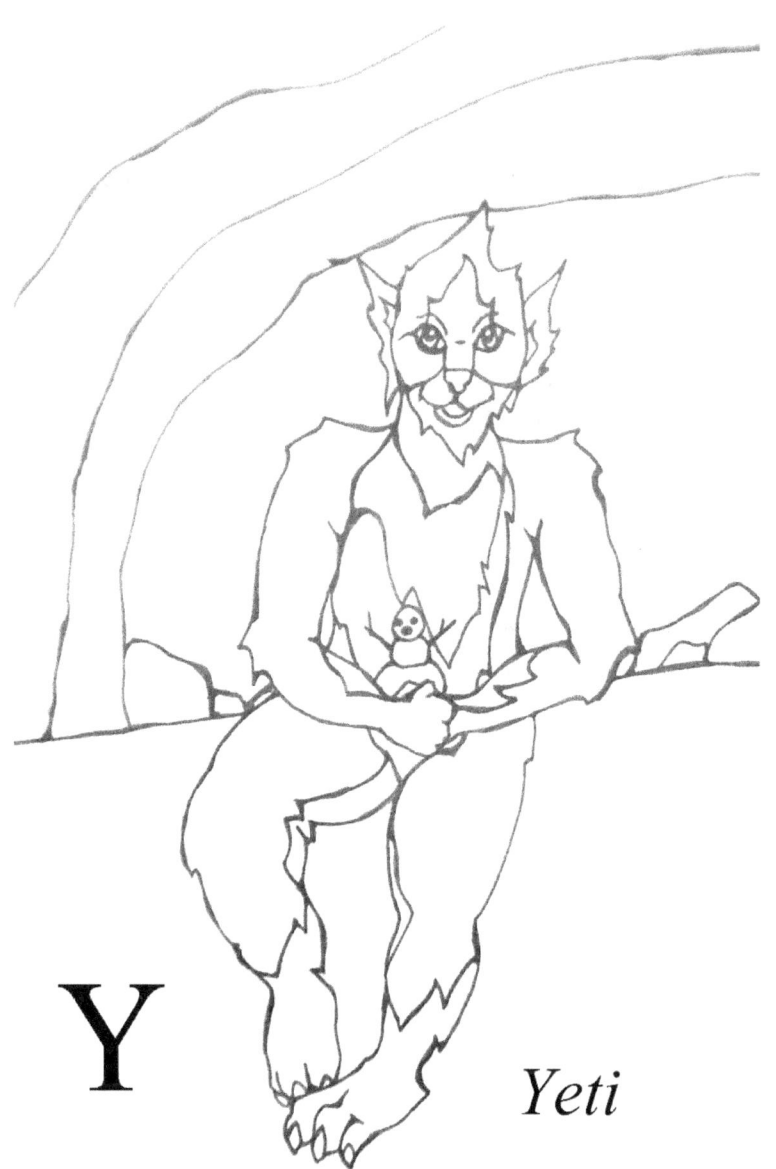

Y

Yeti

Z

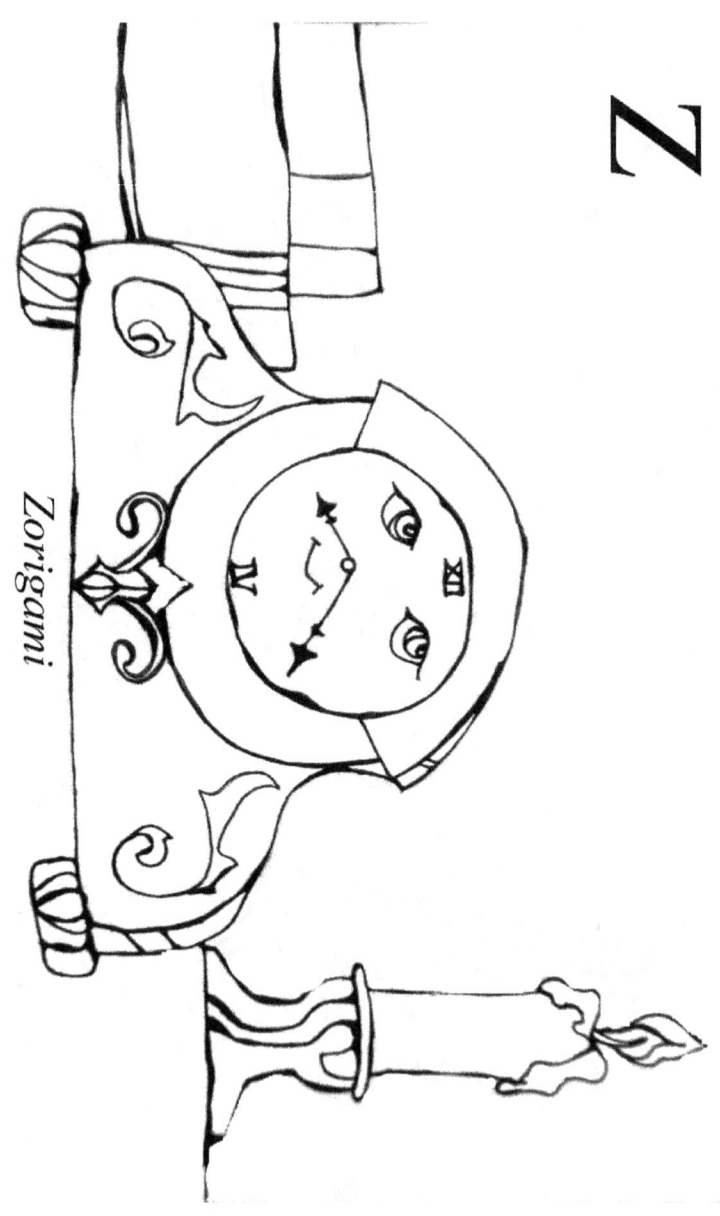

Zorigami